SUITE DE LA DÉFENSE

D U

PEUPLE GENEVOIS.

SUITE

DE LA DÉFENSE

DU PEUPLE GENEVOIS,

présentée au premier Consul de France.

Par J. T. BRUGUIERE.

« Il serait à désirer que la France pût être entourée par
» une ceinture de Républiques semblables à la vôtre : l'in-
» dépendance de la République de Genève importe à la
» République Française ; *si elle n'existait pas, il faudrait
» la créer* : ainsi vous pouvez compter sur la protection
» et l'attachement du Gouvernement français. »

*Discours de Bonaparte à la Députation du
Gouvernement de Genève.*

A PARIS,

DE L'IMPRIMERIE DES SCIENCES ET ARTS, RUE ET
BUTTE DES MOULINS, N.º 500.

Prairial an VIII.

SUITE
DE LA DÉFENSE
DU PEUPLE GENEVOIS,

présentée au premier Consul de France.

PAR J. T. BRUGUIÉRE,

« Il serait à désirer que la France pût être entourée par
» une ceinture de Républiques semblables à la vôtre : l'in-
» dépendance de la République de Genève importe à la
» République Française ; *si elle n'existait pas, il faudrait*
» *la créer* : ainsi vous pouvez compter sur la protection
» et l'attachément du Gouvernement français. »

Discours de Bonaparte à la Députation du
Gouvernement de Genève.

À la lecture d'un premier Mémoire ayant
pour titre : *Défense du Peuple genevois*, on a
dû sentir que les bases de raison et de justice
que j'y avais présentées, n'étaient que le pré-
lude de plus grands développemens, la senti-
nelle avancée d'argumens et de faits plus pé-
remptoires et plus étendus. La nécessité de se
faire lire et de ne pas fatiguer les Magistrats
augustes à qui cette Défense était destinée,
avait resserré le raisonnement et laissé prise
aux objections de l'équité qui veut s'instruire,
et de la malveillance qui veut tuer le bien,

A

en paralysant le courage et empoisonnant les intentions les plus pures.

Genevois! je reprends la plume de la philosophie et de la vérité, seule arme, seule force que vous pouvez opposer pour reconquérir votre indépendance. La victoire vous restera. Ne redoutez pas vos adversaires, ni les accusateurs impies qui osent dénigrer vos sentimens et les miens. Je développerai mes moyens avec ce style de feu qui brûle la sottise et paralyse ses ravages. Et comment pourra-t-on vous résister, quand ensuite la justice du premier Consul doublera la force de mes argumens? lui-même ne pût jamais résister à la justice; elle seule eut toujours le droit de le vaincre.

DIVISION.

Je vais suivre par ordre les faits sur lesquels sont basés les droits du Peuple genevois, et depuis sa moralité jusqu'au degré élevé de son industrie; depuis la persécution qui anéantit sa République, jusqu'aux droits qu'il présente pour la récupérer; depuis l'atrocité et 'invraisemblance des griefs qu'on osa lui imputer, jusqu'aux preuves de son innocence; depuis les torts désastreux que la prétendue réunion lui a causés, jusqu'à l'inutilité pour la France de cette conquête usurpée, je parcourrai avidement les qualités précieuses qui le distinguent, et les motifs de politique et de légitimité qui doivent le rendre à son indépendance.

Je dois faire précéder cette entreprise d'une réflexion qui doit frapper tous les esprits droits. Des êtres méchans, qui ne savent pas s'arracher à l'immoralité qui conduit toutes leurs actions, ont osé avancer dans des Journaux, que la demande des Genevois, pour faire rapporter l'acte de réunion « était le fait du Gou-
» vernement anglais et de l'ambition des bour-
» geois, qui comptaient des Lords parmi eux,
» *nommément Lord Stanhope.* » Il y a dans cette allégation fausseté, impudeur et impolitique.

Et d'abord, lors de la prétendue réunion, Lord Stanhope n'était plus bourgeois de Genève : il avait depuis long-tems renvoyé ses lettres. Et pourquoi Lord Stanhope avait-il été honoré du titre de *Bourgeois de Genève*? c'est parce qu'ayant été élevé parmi les Genevois, il en avait tellement succé les principes de philantropie, qu'il fut trouvé digne de recevoir ce titre ; et j'oserai dire, que c'est à Genève qu'il a puisé cette chaleur qu'on lui connaît dans la défense de la liberté des Peuples. De quel droit un Journaliste voudrait-il nous

rendre suspect ce membre honorable de l'opposition, qui tant de fois prit le parti des Français au sein même du Parlement? L'imprévoyance, le délire de la royauté qui conspire
toujours à l'abri d'un patriotisme fardé, voudraient-ils encore abuser de l'indulgence du
Gouvernement, pour exaspérer nos amis, et
insulter aux partisans de la raison éternelle?
La méchanceté déguisée peut seule employer
ces moyens perfides qui, à l'ombre du bien,
attaquent les principes les plus sages et les plus
utiles, empoisonnent les intentions et aliènent
les esprits; qui arrivant à leur but par des
chemins tortueux, cachent la ciguë sous l'ap-
pât du miel, et enfoncent le poignard sous
l'accolade de la franchise. Un Peuple réduit à
la misère par le fait même de sa réunion, re-
demande sa liberté; la décence, la loyauté,
le respect, inspirent et guident toutes ses dé-
marches, et un Journaliste se permet de dé-
verser le soupçon odieux sur l'élan du malheur! Ainsi sous la verge de la terreur, des
Comités, des Tribunaux révolutionnaires,
imaginaient et trouvaient le crime sur les pas
de l'innocence et de l'infortune; ainsi des
écrivains stipendiés étaient parvenus à coa-
liser l'Europe plutôt contre le fiel de leurs
principes, que contre la force de nos armes.

Si de pareils serpens osaient encore faire entendre leurs sifflemens désastreux, sans doute le Gouvernement en fera justice, et il s'assurera de la source et des vues qui ont fait naître et publier le fait dont je me plains ici.

Je jure que la philosophie, l'amour de la justice, l'intérêt qu'inspire un peuple malheureux, ont seuls guidé ma plume. Mes principes sont puisés dans mon cœur : ils sont déjà connus et respectés. Comme français ami de la paix, je suis l'ennemi d'un cabinet immoral qui tourmente l'humanité par la scélératesse et la corruption, plutôt que par les horreurs de la guerre. Le cabinet de St-James ne peut d'ailleurs, sous aucun rapport, s'honorer d'une action estimable, celle de s'intéresser au Peuple genevois.

Moralité des Genevois; leur industrie.

LES vertus sont plus certaines et plus pures dans une famille que dans une grande ville. Elles sont aussi plus fréquentes et plus vraies dans une ville que dans un grand Etat. Cette vérité s'explique par la surveillance plus immédiate des pères et des Magistrats, par les exemples plus rapprochés et plus frappans que l'on a sous les yeux, par la réunion plus positive et plus sensible des intérêts et des affections.

C'est d'après ces principes que les Genevois ont toujours offert à la société des modèles pour la moralité. La délicatesse et la probité sévère ont de tous les tems distingué leurs relations commerciales; et si quelquefois on leur attribue de l'adresse, de la tenacité, de la réserve dans les opérations, c'est que plus exacts et plus fixés sur les objets, ils ne laissent échapper aucune circonstance, quand elle peut améliorer leurs entreprises. C'est cette attention non interrompue qu'ils donnent à leurs travaux, qui a rendu leur industrie si recommandable, et qui avait fait de Genève le centre du commerce le plus florissant et le plus étendu.

Quel exemple précieux d'activité et de génie, cette faible République n'offrait-elle pas aux nations plus puissantes et plus populeuses! Là nul bras n'était inutile; nul individu n'était par conséquent embarrassé de son existence. Cette énergie que donnait l'indépendance, se communiquait à toutes les vues, à toutes les entreprises, à toutes les opérations, et la liberté, en répandant la vie dans tous les ateliers, dans tous les comptoirs, donnait à l'industrie cet éclat et ce succès que l'Europe a toujours estimés.

*Persécution qu'ils ont éprouvée, leurs droits
pour récupérer leur indépendance.*

IL est bien coupable celui qui le premier
osa porter une main sacrilége sur les lois et
les usages de ce Peuple laborieux et philosophe. L'ennemi des Arts et du génie commer-
cial a pu seul attaquer ses droits, renverser
son Gouvernement, provoquer sa dissolution
politique. Et dans quels motifs plausibles l'ar-
bitraire révoltant a t-il pu usurper l'indépendance des Genevois? aucun n'a été publié.
C'est la volonté sans calcul comme sans justice; c'est la manie de détruire, la fureur de
braver, d'humilier nos plus fidelles alliés, qui
a étendu sur Genève ce systême de désorga-
nisation sociale, qui soulevant contre nos
gouvernans la raison et les Peuples, avait
porté l'indignation dans tous les cœurs.

Ici je devrais présenter l'historique des
moyens astucieux et déloyaux qu'employa le
Résident, d'après ses instructions, pour usurper
la souveraineté de Genève. Avant d'oser se
servir des baïonnettes, ce ministre prit toutes
les formes et déploya toute la souplesse d'un
diplomate habile et entreprenant. Il employa
toutes les ruses, caressa les uns, menaça les
autres, fit de grandes promesses à plusieurs :.

A 3

la fortune semblait s'élancer de ses lèvres vers ceux qui voteraient la réunion. Il prodigua les éloges, sema la discorde, attaqua les réputations, et pourtant tout cet échaffaudage de machiavélisme et d'impudeur, loin de lui faire des partisans, augmenta les résistances, et il n'eût pas un prosélyle honnête qui voulut consentir la réunion. Les bornes de ce Mémoire ne me permettent pas de rapporter les faits de cette persécution. Ils ont eu pour témoins et pour victimes tous les habitans de Genève, qui sont prêts d'en attester au Gouvernement la vérité, le scandale et les suites funestes. J'en administrerai d'ailleurs les preuves quand j'en serai requis.

Sans doute les expressions un peu dures que je viens de prodiguer *au Résident*, ne peuvent avoir pour but d'injurier *Félix Desportes*. Ses qualités personnelles, les services qu'il avait auparavant rendus à Genève, le mettent à l'abri de toute atteinte, et il ne doit s'attribuer du portrait que je viens de tracer, que ce qui peut faire ressortir ses moyens et ses connaissances diplomatiques. Je n'ai prétendu exposer que l'action du Résident soumis aux ordres, aux instructions du Directoire français. Félix Desportes avait en effet donné aux Genevois, et dans plusieurs occa-

sions, des preuves abondantes de son attachement et de son zèle; il était même convenu
qu'il n'agissait qu'*en diplomate* en exigeant
la réunion, et j'avoue qu'en cette circonstance
il fallait servir l'ambition ridicule des gouvernans, ou s'exposer à perdre son existence
civile. Félix Desportes mit dans l'exécution des
ordres de son Gouvernement, toute l'adresse,
toute la sévérité d'un négociateur à qui l'on
met des baïonnettes en main, pour dernier
argument; mais son cœur réprouvait les coups
désastreux qu'il portait à un peuple qu'il avait
toujours protégé et aimé. Du reste, malgré le
mal qu'il a fait aux Genevois, il a si peu perdu
leur confiance, qu'ils sont prêts à provoquer
sa justice et son amour pour la vérité, pour
attester au premier Consul, que la réunion est
illusoire, et n'a jamais été consentie que par
quelques hommes effrayés sur le sort de leur
Patrie.

Le Peuple Genevois, dira-t-on, n'a pas ré-
clamé jusqu'à ce jour, contre la violation de
sa liberté et l'envahissement de son territoire.
Et comment l'eût-il fait avant le 18 Brumaire,
avant cette époque précieuse qui, en arrachant
la France à la tourmente, et peut-être au nau-
frage, a en même tems donné à l'Europe les
moyens de s'entendre et de recréer les rapports politiques que l'extravagance et l'ineptie

avaient rompus. Alors tout était crime aux yeux des hommes inquiets. Oser demander justice, était insulter à la puissance insensée qui pesait sur la France, et les Genevois ont subi le joug que leur faiblesse et la force des usurpateurs avaient seules légitimé. Mais lorsque les Consuls accueillent avec tant de zèle les plaintes de l'opprimé, Genève doit rompre le silence et révendiquer ses droits. Ces droits ne sauraient lui être contestés.

Sa réunion n'a pas été libre; (1) aucun vrai Genevois ne l'a votée. Ce fait s'établit sans aucun doute par l'historique même de cette prétendue réunion, que les baïonnettes seules effectuèrent. Mais pourquoi des baïonnettes lorsqu'il s'agit de connaître le vœu d'un peuple libre? n'est-ce pas attenter à sa souveraineté? n'est-ce pas insulter à sa confiance et à sa faiblesse? Les baïonnettes ne pouvaient être employées que pour une conquête. Or, Genève pouvait-elle être conquise? Etait-elle en guerre avec la France? avait-elle sur pied une armée formidable et menaçante? n'a-t-elle pas au contraire, dans ces circonstances critiques, ajouté aux mille et une preuves de dévouement et de confiance qu'elle a toujours donné au Gouvernement français? L'abus que le directoire a fait de l'attachement et du respect des Genevois, ressemble à ce tuteur impie qui dévore le patrimoine de son pupile et trompe sa crédulité pour le plonger dans l'infortune. . . . . sa crédulité!!!! Mais dans la société civile, lorsqu'un individu est convaincu d'avoir abusé de la crédulité d'un citoyen pour lui ravir tout ou partie de sa fortune, des peines sévères le font repentir de son infidélité. Eh! quelle fortune pouvait-on ravir aux Genevois, qui leur fût plus chère et plus précieuse que leur liberté et leur indépendance? Un acte d'ailleurs est nul lorsqu'il n'est pas librement consenti, et ici il y a eu séduction, force ouverte, oppression, pour arracher le vœu insuffisant d'une poignée d'hommes qui n'avaient aucun pouvoir pour traiter de la réunion.

Et en effet l'acte illégal de la Commission extraordinaire, *votant par ordre des baïonnettes*, n'a pas eu la sanction du conseil souverain de la nation. Cette Commission n'avait aucun droit de transiger sur la liberté de Genève, et son assentiment aux volontés du Résident, était si fortement en opposition avec la volonté expresse du souverain, que si les Consuls de la République française veulent être les amis constans de l'équité sévère, ils doivent faire assembler la nation genevoise, et la faire présider par un citoyen quelconque, magistrat

ou militaire, pourvu qu'il soit de bonne foi.
Les votes seront publics ou au scrutin secret,
à la volonté du Gouvernement; et si l'immense
majorité n'est pas en faveur de son indépendance, et ne désavoue pas l'acte usurpé de la
prétendue réunion, je consens à être traité
comme imposteur et à être puni sans ména-
gement. Après cette épreuve, je ne doute pas
que la France, aujourd'hui délivrée de gouvernans insensés, ne revienne à sa générosité
naturelle et ne rende les Genevois à eux-
mêmes. Il y a dans cette restitution autant
d'orgueil que de justice, et l'Europe ne pourra
qu'applaudir à ce respect pour les droits sacrés
des Peuples.

Oui, tout se réunit pour assurer les droits
de la nation genevoise à la restitution de son
indépendance : persécution, violation des suffrages et du droit des gens; usurpation et conquête de son territoire, tandis qu'elle était au
rang des neutres fidelles à leurs traités; fausseté, indécence de son vœu prétendu pour la
réunion; voilà des titres imprescriptibles qui
la mettent dans un état de protestation per-
manente.

Eh! que l'on ne vienne pas objecter, comme
quelques misérables stipendiés l'ont déjà perfi-
dement insinué dans une lettre ordurière insé-

rée dans le Journal des Hommes libres, que l'on ne vienne pas objecter que la demande des Genevois pourrait être d'un exemple dangereux pour les autres portions de territoire réunies à la France, comme la Belgique, la Savoie. On sent combien cette objection serait peu fondée. La Belgique, la Savoie, étaient des portions des Etats avec lesquels nous étions en guerre. Nous avons d'abord été les conquérans de ces peuples. Ils se sont ensuite réunis à nous, et ce qui est plus encore, *les Souverains qui avant les avaient sous leur domination, nous les ont cédés depuis en toute propriété par des traités formels*. Mais la République de Genève n'a jamais été en guerre avec la France. Elle a gardé une neutralité sévère. Elle ne nous a été cédée par aucun traité de son souverain; aucun de ses habitans n'a formellem.re ʻet librement émis son vœu pour sa réunion ʳteur rance, et ce n'est que la violence, l'usurpatine al'abus de nos forces, qui nous ont rendus maîtres de cette République.

Il n'existe donc pas de parité entre Genève et les autres pays faisant *aujourd'hui partie intégrante du territoire français*. Les positions sont totalement différentes. Genève était une puissance isolée et paisible, absolument indépendante; et parce qu'elle n'avait pas cent mille hommes à nous opposer, sans respect pour sa faiblesse et sa neutralité, il nous a plu de la rayer du tableau des puissances, et d'annoncer aux autres nations neutres, que si nous ne les traitions pas de même, c'est que leur éloignement ou leurs forces, ou leur considération réelle, nous en ôtaient les moyens.

Rien donc ne peut affaiblir les droits de la République que je défends, et malgré les cris de quelques bâtards genevois à qui on a attribué la lettre délirante insérée dans le Journal des Hommes libres, Genève est digne de retrouver son indépendance dans notre équité. CONSULS DE LA RÉPUBLIQUE FRANÇAISE, et vous héros intègre et généreux qui les présidez, fermez l'oreille aux insinuations de la perfidie et de l'intérêt qui s'agitent autour de vous. Les auteurs méprisables de la lettre que je viens de citer déshonoreront leur patrie. Echos avilis de ces êtres immoraux que la nature jette de loin en loin pour faire ressortir davantage l'éclat des vertus réelles, ils vous diront que Genève était un foyer perpétuel d'intrigues et de manœuvres anglaises; qu'elle était le centre d'une coutrebande active; qu'elle avait toujours accueilli les émigrés dans son sein. Quelle monstruosité! quelle scélératesse!

Invraisemblance, fausseté des griefs qui leur sont imputés.

COMMENT ose-t-on insulter à la sagacité, à la raison du Gouvernement, jusqu'à vouloir lui persuader que Genève a recueilli dans son sein des conciliabules anglais? Comment dans un Etat aussi rétréci, où l'homme le moins curieux est instruit, dans le jour, du moindre événement, aurait-on pu établir pendant si long-tems des conférences composées d'Anglais, et y conduire des intrigues nuisibles aux intérêts de la France? *Le Résident*, à moins qu'il ne fût complice, n'eût-il pas adressé sur l'heure des notes qui eussent rappelé le Gouvernement genevois, à la loyauté, au respect pour la Grande Nation, sa protectrice autant que sa puissante alliée. Il faut être dépourvu de sens commun, il faut être porteur d'une ame de fiel, pour se permettre une attaque aussi indécente, aussi invraisemblable contre la République de Genève.

Du reste, cette accusation n'est pas neuve. Elle a toujours été une arme commune à tous les brigands qui ont voulu accuser, piller, égorger; et comme si la Grande - Bretagne n'avait pas assez de l'énormité de ses crimes réels, l'intérêt des factions lui en a souvent sup-

posé qui n'avaient jamais pu exister. Les manœuvres anglaises se reconnaissent à la trace des
forfaits qu'elles multiplient pour ravager l'Europe. Les manœuvres anglaises répandent le
deuil et l'assassinat par tout où leur foyer s'établit. La vertu, la bonne foi, le bien, fuient devant elles avec autant de précipitation que l'on
en met à éviter la fureur des tigres ; mais ces
manœuvres n'eussent jamais pu s'ourdir à Genève sans avoir des complices : alors plus de secret, et la France en eût été de suite avertie.

Rien donc n'est plus absurde qu'une sem-
blable accusation. Mais que veulent ceux qui
osent l'élever? voudraient-ils paralyser mon
dévouement à la liberté des Genevois? pré-
tendraient - ils m'effrayer en me désignant
comme l'agent de l'Angleterre? vieilles ruses
qui ne font plus de dupes. Je ne suis l'agent
que de mon cœur et de la vérité. Je n'ai jamais redouté les menaces, pas plus que les
bienfaits : leur servile influence vint toujours
s'éteindre à mes pieds. On a osé publier mon
arrestation! Et ne sont - ils pas les ennemis
réels du Gouvernement, ceux qui nous le re-
présentent armé de l'injustice et de vues assez
rétrécies pour persécuter un citoyen qui prend
avec franchise la défense d'un Peuple ami et
sans forces? Bonaparte ne s'opposa jamais aux

succès

succès d'autrui; loin de décourager ses concur-
rens dans le maintien de la liberté des Peuples,
il aida toujours l'élan de la générosité. *Il a défen-
du l'indépendance des Français par son génie et
son épée : moi, je défends celle des Genevois par
la raison et ma plume.* Son avantage sur moi
est néanmoins assuré , puisqu'il dépend de lui
d'illustrer mes succès en les réalisant , et de
m'élever à une portion de sa gloire. Pourquoi ,
d'ailleurs, ne mériterais-je pas les suffrages
de la philosophie? et alors dois-je m'inquiéter
du blâme que l'on se permet d'opposer à mon
entreprise? c'est défendre la gloire de son pays,
c'est l'honorer et l'aimer, que de lui faire ché-
rir la justice, en lui faisant réparer ses torts.
Vivement pénétré de cette vérité, je crains peu
l'accusation des hommes inquiets. Je déclare
que je ne déposerai la plume que lorsque la
République de Genève aura recouvré son existence, ou que mon Gouvernement *m'aura
forcé au silence*, en me témoignant que mon
zèle ne lui est pas agréable..... et le Gouvernement français, *à l'instar de Rome*, décernera
des couronnes civiques aux défenseurs des Peuples, plutôt que d'étouffer ainsi leur énergie.
Oserait-on d'ailleurs élever quelque parité
entre les hommes qui nous gouvernent, et les
êtres passionnés qui, se dévorant tour à tour,

B

par une succession impie, ne s'occupaient que
de leurs misérables et honteuses querelles, et
laissaient le vaisseau de l'Etat flotter entre les
crimes et les hasards. Bonaparte sait fouler
aux pieds les petites passions qui conduisaient
les travaux de ses prédécesseurs; il fera rentrer
dans la boue ces ames serviles que la soif du
sang et du désordre rendait les sangsues des
Français et de leurs voisins. Il ne voudra pas
sanctionner leur usurpation en repoussant la
confiance de Genève en sa justice; il craindrait,
dis-je, de leur ressembler, s'il laissait la France
profiter de leur vandalisme; il ne lui appartient
plus de résister au vœu de ces Genevois *pour
qui il a promis de créer une République, si elle
n'existait pas.* Ce génie qui, joint à sa valeur,
a triomphé de tant de rois coalisés contre sa
patrie, se hâtera de consolider sa gloire par
un acte de justice que commandent les con-
seils précieux de la modération et de la saine
politique.

En nous représentant Genève comme le
centre d'une contrebande active, on a offert
encore une supposition ridicule et sans fonde-
ment. Cette République, il est vrai, devait être
comme l'entrepôt et le passage continuel des
marchandises respectives des différens Peuples; mais cet avantage précieux ne pouvait

que favoriser les communications, sans auto-
riser la contrebande qu'une surveillance sévère
rendait presque impossible. La France, la Savoie et la Suisse, regardaient en effet Genève
comme le point central de leurs relations mer-
cantilles; et sous ces rapports, cette République a pu être considérée comme la négociatrice
commune des productions et des denrées de
ces différens Etats. Ses habitans en ont profité, parce qu'ils sont actifs, laborieux; mais
est-ce manquer à l'honneur, est-ce violer la
foi des traités, que d'augmenter son commerce
et faire fructifier son industrie, sur-tout lorsque la nature semble, par la position où elle
vous a placé, vous indiquer elle-même les
moyens du succès? et d'ailleurs j'offre une
preuve frappante de l'impossibilité où étaient
les Genevois de faire la contrebande, et je la
trouve dans le genre même de leur industrie.
Il n'y a en effet que les artisans, qui, repoussés
par la fortune, pourraient se permettre la contrebande; or, à Genève, les artisans étaient
dans l'aisance et sans besoins. L'horlogerie
offrait à tous des ressources assurées, et l'*horlogerie exige des mains délicates et posées que
n'aurait pas eu un contrebandier agité par les
fatigues d'une nuit pénible.*

Du reste, rien ne prouve mieux les soins du

Gouvernement genevois pour empêcher la contrebande, que sa défense de présenter aux halles les marchandises prohibées en France; mais disons ce qui est vrai, c'étaient les Français eux-mêmes qui, sur cette partie comme sur toutes les frontières, faisaient une contrebande désastreuse, et vendaient ensuite, aux Genevois comme aux Suisses, les objets prohibés venant de France, comme ils achetaient aussi des Genevois et des Suisses des marchandises soumises à des taxes exhorbitantes, qu'ils introduisaient sans payer. La faute en était aux employés de la République française, qui s'engraissaient du partage de la fraude. La faute en était au mauvais système douanier, dicté par des financiers inhabiles, et totalement opposé au véritable intérêt de l'Etat. Il y aura toujours contrebande, tant que les droits seront sans proportion, tant que nos frontières ne seront pas les limites même de la terre, et que par des parcelles de propriétés situées au-delà, notre territoire ne sera pas uniformément fixé et déterminé par des lignes positives. L'espoir du gain, même illicite, réveille toujours la cupidité des hommes, parce que l'intérêt semble tenir à leur nature; et lorsque les hommes pèchent envers le trésor public par l'intérêt, c'est presque toujours l'imprévoyance des Législateurs qu'il faut en accuser, ainsi que la mauvaise administration des agens du Gouvernement.

Enfin l'on a accusé Genève d'avoir accueilli les émigrés, et cette imputation n'est pas plus soutenable que celle que j'ai combattue. Il a paru sans doute des émigrés à Genève, abandonnant leur Patrie, rongés de dépit et de haine, et accourant languir sur une terre étrangère : mais ont-ils pu s'y arrêter? je le nie, et le Résident me fournit encore la preuve de cette dénégation. Une simple note de lui suffisait, je le répète, pour faire exclure sur-le-champ tout étranger qui lui déplaisait ou lui portait ombrage, et à plus forte raison eût-il expulsé les ennemis de la France, les impies conjurant la perte de leur Patrie.

Torts faits à Genève par la prétendue réunion inutile pour la France.

JE dois dire au Gouvernement les torts nombreux que la réunion a causés au Peuple genevois. Ses mœurs, ses usages, ses institutions les plus réfléchies et les plus utiles, tout a souffert et s'est détérioré par la perte de ses droits politiques. Une philosophie pure formait la base des principes qui guidaient les Genevois. La pudeur doublait l'intérêt naturel et précieux qu'inspira toujours la sagesse du sexe. Le luxe était repoussé par des lois sévères, et l'aimable simplicité était honorée et commandée. Un orgueil national, né de l'indépendance, élevait les hommes à des prétentions honorables. Chaque Artisan s'estimait autant dans son atelier qu'un souverain sur son trône; et comme chaque individu prenait intérêt au sort de la grande famille, on voyait des Genevois livrés au travail de l'horlogerie, tenir d'une main l'œuvre délicate d'une montre (2), et de l'autre jeter sur le papier le résultat de leurs vues politiques, de leur opinion sur les moyens d'améliorer la marche de leur Gouvernement. Les Français, en leur ravissant leur liberté, leur ont aussi ravi tous ces avantages! L'entrée des troupes dans Genève, a été le terme du respect pour la pudeur L'innocence a été livrée au ridicule, souvent même la brutalité a cherché ses victimes au sein de la sagesse reconnue et estimée. Le luxe n'ayant plus de frein, la déraison méprisera la simplicité; elle cherchera la considération dans l'élégance d'un vêtement, dans l'opulence d'un meuble. Dès que les liens sociaux qui resserraient l'union des cœurs et des pensées ont été rompus, l'indifférence a fait cesser l'étude de la législation. Forcé de se soumettre à des lois qui lui étaient étrangères, le Genevois n'a plus donné cours à ses recherches politiques. Il n'a plus été lui-même dès qu'il a appartenu à d'autres; et l'esprit public qui enfanta des prodiges multipliés dans cette faible République, a éteint son flambeau devant une domination usurpatrice.

A ces calamités morales, joignons la perte aussi sensible du commerce de Genève, l'anéantissement de son industrie, la stagnation de ses marchandises, causée par le défaut de circulation et l'impossibilité de l'exportation. Genève République était mise au rang des neutres; ses habitans avaient par conséquent la facilité de porter les produits de leur industrie chez tous les Peuples de l'Europe. Londres, Berlin, Vienne, St-Petersbourg, l'Italie, accueillaient les Bourgeois de Genève, et l'on repousse aujourd'hui les Français de Genève, parce que le Français étant en guerre avec presque toute l'Europe, il ne peut plus voyager chez les Peuples ennemis. De là l'inactivité forcée des ateliers, et la misère des Artisans....

Mais, dira-t-on, la paix qui se hâte viendra tarir ces maux, et les Genevois pourront reparaître chez toutes les Puissances et raviver leurs relations. Vain espoir pour un esprit calculateur? Oui sans doute la paix viendra essuyer nos larmes et cicatriser nos larges plaies, mais comment concilier ensuite les divers intérêts entre les autres Puissances de l'Europe? comment arrêter l'ambition des Russes et de l'Autriche? comment laisser impunis l'orgueil et les crimes de l'Angleterre? La guerre dévorera la coalition, après que la bravoure française aura conquis la paix, et réduit ses ennemis à l'impossibilité de lui nuire. La France aura des alliés qui l'entraîneront dans les querelles comme auxiliaire, et les Français de Genève ne pouvant plus se répandre chez les nations belligérantes, leur industrie périra.

Encore, si tant de maux eussent profité à la France, sans doute les regrets des Genevois eussent été moins vifs, leur malheur moins accablant; mais cette usurpation nous a été totalement inutile, je dirai plus, elle nous a été plutôt nuisible qu'avantageuse.

Nuisible du côté de l'industrie; elle a éteint la concurrence entre nos manufactures d'horlogerie et celles de Genève, et l'émulation, ce stimulant précieux des succès, a péri dans sa base. Nuisible du côté de la considération politique; quelle lâcheté que l'envahissement d'un Etat paisible et sans armes! Comment obtenir le respect des Nations, lorsque, par l'abus de nos forces, nous nous présentons en géans pour écraser des pygmées et les dévorer? quelle sûreté la France pouvait-elle offrir aux Puissances neutres, lorsque sans aucun grief raisonnable, sans provocation, *sans utilité*, elle a renversé une République alliée, que plusieurs siècles et tant de Rois avaient protégée et respectée? Cette atteinte portée à la foi publique, aux droits sacrés d'un Peuple sans force, n'a-t-elle pas inspiré la défiance et l'éloignement à tous les Cabinets de l'Europe, et, sous ce rapport, l'envahissement de Genève n'a-t-il pas nui aux intérêts de la France? *Le fort ne s'honorera jamais en opprimant le faible!*

La sûreté des frontières de la France n'a pu non plus nécessiter le renversement de cette République sans soldats et sans armes. Genève n'offre pas une place assez forte pour servir de boulevard contre les ennemis qui voudraient nous inquiéter vers cette partie, et la propriété de cette ville doit nous être absolument indifférente. Mais quand même Genève serait une place forte et de premier ordre, aurions-nous eu plus d'avantage à l'envahir? n'aurions-nous pas pu en demander l'occupation à son Gouvernement, si notre sûreté l'eût exigé? L'armée française occupe la Batavie, et la Batavie est indépendante.

L'Helvétie est aussi couverte de bataillons français, et l'Helvétie a conservé ses droits politiques. Pourquoi, si cela nous eût été utile, n'aurions-nous pas également occupé le territoire et la place de Genève, sans attenter à sa liberté, à son Gouvernement?

Cette réunion n'a pas davantage profité à nos finances. Quel revenu pouvons-nous en retirer? quelles ressources pourra nous offrir un pays ruiné et où les mendians inondent les rues, tandis qu'auparavant il n'y en avait jamais paru? Des traités de commerce, des concessions pécuniaires, des emprunts pouvaient nous présenter des ressources abondantes, et nous rendre cette République intéressante. Les Genevois offrirent même tous ces avantages au Résident, qui parut d'abord les accueillir, mais qui les repoussa ensuite d'après ses instructions. Aujourd'hui Genève, sans moyens, sans industrie, ne peut être d'aucun secours pour le Trésor public, et en renversant son indépendance, nous avons tari ses finances et anéanti sa fortune. Son malheur retombe sur nous, et cette conquête nous est encore nuisible sous ce point de vue, loin de nous faire espérer le moindre avantage.

O ma Patrie! ô Français! Peuple étonnant, qui sais si bien allier la bravoure à la générosité, comment es-tu devenu injuste envers la République de Genève? comment, sans avantages et sans gloire, as-tu ravi la liberté à un Peuple ami qui s'était toujours abandonné avec sécurité à ta discrétion, à ta loyauté? comment le Français républicain a-t-il pu devenir le destructeur des Républiques? la fortune des Genevois n'a-t-elle pas toujours été dans les mains de la France? *j'en appelle à leurs créances énormes sur la dette publique.* N'ont-ils pas donné des preuves éclatantes de leur dévouement à la cause de leurs puissans alliés contre la ligue sacrilége des Rois conjurés, et ne comptent-ils pas au moins douze cents braves, leurs compatriotes, qui, dès les premiers jours de notre révolution, se sont rangés volontairement sous les drapeaux tricolors? Ils voulurent partager notre gloire dans la défense de la liberté, et pour prix d'un attachement aussi généreux, nous avons envahi les droits de ceux qui nous aidèrent dans le maintien des nôtres !

La crapuleuse calomnie, la malveillance déhontée, continueront sans doute à transformer la demande des Genevois, pour faire rapporter l'acte illégal de leur réunion, en intrigues, en manœuvres anglaises. Je contracte ici l'engagement de faire rentrer ces monstres politiques dans l'antre du crime qui les enfanta pour tourmenter les vertus réelles. J'arracherai le masque dont ils couvrent leur férocité, et je mettrai à découvert le squelette hideux qui compose tout leur être, lorsque la franchise et la probité les dépouillent des dehors trompeurs qui séduisent les dupes. J'attaquerai avec énergie ces hommes dont les affections viles se traînent dans la basse flatterie, et qui, pour encenser l'idole qu'ils veulent faire servir à leurs projets, empoisonnent les intentions les plus pures, les actions les plus innocentes de ceux qu'ils veulent perdre ou éloigner de l'autorité. Je les traînerai aux pieds du Gouvernement; je les combattrai avec l'arme irrésistible de la vérité ; je les incendierai par le feu, la force de mes raisonnemens puisés à-la-fois dans mon amour pour ma Patrie, et dans la justice que nous devons rendre aux Genevois. Voilà l'armée formidable qui m'aidera à reconquérir la liberté genevoise. Ah ! quittons, quittons ce système d'impudeur et de bassesse, qui, formant des complots absurdes et ridiculement échaffaudés, parvenait à nous rendre l'objet du mépris et de l'indignation générale, tandis que nous nous en servions pour opprimer et faire des victimes. Reprenons enfin cette loyauté qui caractérisait les actions des

Français, et que des cœurs avilis, vrais fléaux de la société, avaient bannie et repoussée hors du sanctuaire des pouvoirs suprêmes. Nos diplomates modernes, vrais écoliers en connaissances politiques, dénués du talent précieux de gouverner les hommes par la justice et la franchise, étayaient depuis plusieurs années leur considération et leur autorité par des conspirations plus ou moins insensées, plus ou moins atroces, et ces conspirations préludaient toujours à quelque grande injustice, à quelque persécution désastreuse. Ne ressemblons plus à ces charlatans méprisables, et que la pudeur guide dorénavant notre diplomatie. On a violé à Genève des pactes sacrés que les Rois et la Convention nationale, fertiles en moyens d'oppression, avaient cependant respectés et confirmés (3). L'honneur national veut que nous vengions cet attentat au droit des gens, à l'indépendance des Nations. Toute Puissance qui s'élève par l'usurpation et l'injustice, croule tôt ou tard, et le Gouvernement consulaire doit baser sa durée autant sur la réparation des torts, que sur l'équité sévère et la fidélité envers nos alliés. Le droit du plus fort peut, il est vrai, nous faire braver ces considérations, mais le droit du plus fort ne fut jamais que le droit des brigands. Nous l'avons emporté sur nos ennemis par les droits de la valeur; ce droit est sublime! et ils ont dû baisser devant lui des fronts couverts d'opprobre et de dépit, parce qu'on n'attaque pas impunément la Grande Nation. Mais autant cette Nation est terrible pour ses ennemis, autant, pour assurer sa gloire, elle doit être magnanime envers ses alliés, ses amis, sur-tout ceux qui, par leur faiblesse autant que par leur fidélité, méritent son amitié et sa protection : et tel est le Peuple Genevois.

Eh! qui oserait blâmer les efforts de ce Peuple qui réclame son existence politique? Quel exemple la France n'a-t-elle pas donné au monde, par l'énergie qu'elle a mise dans la défense de sa liberté et de son territoire? Depuis deux lustres nous luttons contre des ennemis puissans par leurs moyens, autant que redoutables par les crimes de toutes les espèces dont ils ont inondé l'Europe; encore aujourd'hui nous répondons à leur cri de guerre : le maintien de notre indépendance multiplie notre courage, et conduit à la gloire des milliers de héros. Quel est, je ne dis pas le Département, mais le simple village qui eût consenti à recevoir le joug de l'ennemi? n'a-t-on pas vu des Communes prêtes à être envahies, tant vers le Rhin que dans le Département du

Nord, combattre jusqu'à l'épuisement, plutôt que de se soumettre aux coalisés? Tout Français se soulève d'indignation à l'idée de voir son indépendance usurpée. Il a juré de s'engloutir sous les ruines de son pays, plutôt que de céder et de perdre sa liberté et ses droits politiques. D'après cet exemple sublime, pourra-t-on blâmer Genève! non jamais. Elle n'a pour toute armée que la raison et la justice, et pourtant, certaine de la victoire sous un Gouvernement équitable, elle ose défier aussi au combat, et je me présente pour en soutenir le choc honorable.

Sans doute les Genevois eussent été flattés d'appartenir à la Grande Nation, sur-tout depuis que l'ordre et l'espoir du bonheur lui ont été rendus par le Héros-Consul. Ils s'énorgueillissent même du titre honorable de CITOYEN FRANÇAIS. Ils conserveront une éternelle reconnaissance pour les soins que la France a apportés pour cicatriser leur plaie trop profonde, par le choix des Magistrats, par la considération des Etablissemens publics. L'homme recommandable à qui le premier Consul a confié la Préfecture du Leman, leur offre encore une preuve bien chère des bontés du Gouvernement français, et rien ne serait plus propre à leur faire apprécier le bonheur d'appartenir à la grande famille : *mais les plus grands bienfaits peuvent-ils égaler lé bienfait de l'indépendance!* Le pauvre est souverain dans sa cabane! et cet avantage ne peut être balancé par aucun autre. La continuation des bontés du Gouvernement français, fatiguera la sensibilité des Genevois. Ils craignent de ne pouvoir dorénavant y répondre, que par les regrets de ne pouvoir plus être reconnaissans et dociles sous le joug, et on ne verra en eux que des ingrats. Du pain! la misère, s'il le faut, s'écrient-ils, mais laissez-nous nos droits politiques! avec eux nous saurons bientôt rappeler l'aisance et le bonheur dans notre sein. Il n'est pas de Peuples isolés et sauvages qui, libres sous le toit des forêts, ne préfèrent leurs glands et leurs racines, au luxe que leur apporterait un chef civilisé et même bienfaisant, qui prétendrait leur donner des lois d'après sa volonté. Cette vérité est dans l'expérience, elle est sur-tout dans la nature; et, comme ces Peuples, les Genevois n'apprécient rien au-dessus de leur indépendance.

Si donc la République de Genève doit tout gagner dans le rétablissement de ses droits ; si la France n'en éprouve aucun tort; mais si, au contraire, sa générosité, si son équité lui sont profitables du côté de la gloire comme de l'inté-

rêt,

rêt, pourquoi n'accorderait-on pas à Genève la liberté légitime qu'elle implore?

Quant à l'époque de cette restitution, si nous ne considérons que la justice qui en impose la loi, cette époque est arrivée : la justice ne s'ajourne pas; mais les grands intérêts qui occupent le Gouvernement français, ne permettent pas aux Genevois d'espérer leur indépendance définitive avant la paix continentale. Le Gouvernement a senti déjà toute la légitimité de leur réclamation, et cela à dû lui suffire : mais pour qu'il s'honore d'un acte généreux et réparateur de l'injustice directoriale, voici la déclaration que la République de Genève ose lui demander par mon organe:

« Le premier Consul ayant reconnu que la
» réunion de Genève n'a pas été volontaire;
» qu'elle a été procurée par des moyens qui
» ne sont pas dans les principes de la Répu-
» blique française, et qu'il importe à la tran-
» quillité de l'Europe de remettre en honneur
» le respect dû à l'indépendance des peuples,
» déclare qu'à la paix continentale, il rendra
» la République de Genève à tous ses droits
» politiques, et que jusqu'à cette époque elle
» observera exactement le traité de réunion;
» que pour marquer sa bienveillance envers
» Genève, il réglera l'intérêt du territoire,

C

« pour faciliter les communications sans nuire
» à la France, et qu'il sera établi à l'amiable
» un tarif et un ordre de Douanes, tels qu'ils
» puissent mettre un terme à la contrebande,
» autant qu'aux vexations que le commerce
» de Genève a éprouvées. »

Immortel Auteur du Contrat social, toi qui proclamas avec tant de force les droits des Peuples, viens soutenir les efforts de ta Patrie, viens rappeler au cœur du premier Consul, à ce cœur nourri de tes écrits sublimes, ces vérités fortes sur lesquelles tu as basé l'indépendance des Nations. Tu peux tout obtenir. Rien n'égale le respect du premier Consul pour la mémoire des Grands Hommes, et il s'honorera de calquer sa justice pour ta Patrie, sur les principes éternels que tu as développés. Viens lui répéter *ce qu'il a lui même confirmé dans d'autres termes* à tes concitoyens, lors de son retour triomphant d'Italie : « Puisse durer
» toujours, pour le bonheur de ses conci-
» toyens *et l'exemple des Peuples*, une Répu-
» blique si sagement et si heureusement cons-
» tituée (*)! »

Oui, Bonaparte, l'origine de la République de Genève se perd dans l'antiquité des tems.

(*) J. J. Rousseau. Épit. déd. à la Rép de Gen.

Sa sagesse, la bonté de ses lois, sa faible importance, l'ont toujours mise à l'abri de tenter l'ambition de ses voisins. Sa démocratie, sagement tempérée, lui assurait une longue existence, et il a fallu des Gouvernans aussi injustes qu'inhabiles, pour confondre toutes les idées, méconnaître tous les intérêts, et employer l'appareil militaire pour obtenir, pour forcer les suffrages d'un Peuple philosophe et paisible. Ne permettez pas, Général-Consul, que la France reste plus long-tems coupable de cet assassinat politique. Honorez-là d'une restitution généreuse, afin que le crime ne soit imputé qu'à ses vrais auteurs. Vous devez à la raison, à votre gloire, cet exemple de modération. Moins la République de Genève offre d'importance, et plus cette restitution sera estimée. L'histoire de la philosophie marquera cet événement avec autant de soin et d'enthousiasme que les plus hauts faits de votre carrière politique. Je ne vous parlerai pas du prix que vous devez attacher à la reconnaissance de la Patrie de Rousseau. Son hommage sera pur parce qu'il sera bien senti, et la réunion des cœurs genevois, peut autant flatter que le suffrage du monde étonné de votre sagesse et de vos exploits.

Bonaparte! suivez la carrière que votre

génie et la confiance des Français vous ont ouverte : arrivez à la paix du monde! c'est là l'apogée de la gloire dans la position cruelle où se trouve aujourd'hui l'humanité. Tant que l'opiniâtreté de nos ennemis a paru éloigner cette paix désirée, j'ai demandé que l'indépendance des Genevois ne fût pas ajournée, parce qu'on ne peut ajourner la justice, et que la continuation de la guerre consomme leur ruine. Aujourd'hui que votre présence dans les camps promet des victoires décisives, et exige toute votre attention, je me borne à vous demander de ne pas oublier Genève, et de consolider ses droits politiques dans le traité de paix générale que votre valeur va bientôt conclure. La déclaration provisoire que j'ai indiquée, eût sans doute flatté les Genevois; elle eût imposé la considération à tous les Cabinets rendant hommage à votre modération et à vos principes. Je la soumets à cette intelligence, à cette sagesse qui sait autant calculer l'intérêt de la patrie, que la gloire du héros.

NOTES.

(1) J'ai indiqué un moyen puissant pour connaître combien la réunion de Genève à la France a été forcée et peu honorable pour le Gouvernement qui l'a exigée : ce moyen appartient à la franchise ; c'est de consulter le vœu *libre* des citoyens. Je vais présenter l'historique de cet événement, que j'appellerai non pas une réunion à la France, mais une conquête de la part de la France, et une conquête peu digne d'elle. N'étant pas Genevois, n'étant pas même à Genève lors de l'invasion de son territoire, je craindrais trop d'affaiblir la vérité des faits, si je me permettais de les tracer d'après ce que j'en ai connu personnellement. Je vais rapporter textuellement une lettre écrite lors même de l'événement, et qui m'a été communiquée par des Genevois amis ardens de leur pays. On peut d'ailleurs voir les mêmes faits présentés avec autant d'énergie que de sagesse et de vérité, dans un écrit distribué à Genève, sous le titre : d'*Appel à la justice, ou Adresse des Genevois à Bonaparte, premier Consul de la République française.*

« Dans le mois de Février 1798, le citoyen Félix Desportes fit, auprès de différens Genevois, des tentatives pour sonder leurs dispositions et leur faire adopter l'idée de se réunir à la France. Il fut également repoussé par les hommes de toutes les classes et de tous les partis.

» Enfin, le 15 Mars, il parla sur un ton plus haut. Il fit part au Syndic *Butin*, des vues de son Gouvernement, sans prononcer néanmoins formellement le

.mot de *réunion*. Il déclara, d'une manière positive, qu'il n'agissait point officiellement, et qu'il parlait comme particulier à un particulier. Il dit à d'autres Genevois, qu'il ne pouvait pas communiquer officiellement, mais que si l'on refusait de comprendre cette ouverture amicale, la République française ayant des griefs contre Genève, son Gouvernement produirait un manifeste, ferait entrer des troupes dans la ville, et la traiterait en ennemie.

» L'Administration communiqua ses sujets de craintes au Conseil législatif. Celui-ci proposa à l'assemblée souveraine de créer une Commission extraordinaire, composée de tous les Fonctionnaires publics, soit en activité, soit désignés, laquelle serait chargée de prendre et exécuter tous les arrêtés propres à assurer le salut des citoyens. L'assemblée souveraine accepta, le 19 Mars, cette proposition.

» La Commission, dans sa première séance, chargea quelques-uns de ses membres de lui faire un rapport sur la position de la République. Ce rapport tranquillisa un peu. On crut voir dans la tactique du Résident, qu'il ne voulait point employer la force contre Genève. Toujours il refusa de parler officiellement, mais il montra toujours la plus vive ardeur pour opérer la réunion. Pour parvenir à ses fins, il avait un double langage; l'un pour les amis de la révolution, l'autre pour le parti contraire.

» La Commission remit, à deux époques différentes, des notes au Résident. Il refusa de les recevoir. On les envoya au Ministre de Genève à Paris. Celui-ci les fit parvenir au Président du Directoire; et dans ses lettres aux Syndics et Conseil, il invitait sans cesse les Genevois à s'armer de courage et de persévérance, par la considération que le Directoire était mal instruit des sentimens du Peuple. Il conseillait aussi de faire prononcer ouvertement sur la réunion, la masse des citoyens, pour attester ainsi hautement quel était le véritable vœu des Genevois. La Commission, malgré la déclaration du Résident, qu'il ne fallait point consulter l'Assemblée souveraine, aurait pris sans doute ce parti, le seul juste, le seul raisonnable, lorsque le citoyen Desportes, instruit de tous les projets de ce corps, changea ses batteries. Il pressa vivement la Commission de fixer le jour auquel elle traiterait au fond la fatale question ; mais avant de s'en occuper, elle désira avoir une réponse du Directoire exécutif, aux notes qu'elle lui avait envoyées, notes qui exprimaient et le désir du Peuple genevois de conserver son indépendance, et l'empressement avec lequel il ferait pour cela tout les sacrifices possibles. Le 12 Avril elle promit enfin au Résident, qu'elle discuterait la terrible question le 19 du même mois, terme auquel on espérait avoir cette réponse désirée. Le Résident accepta la condition, et promit de son côté, qu'il attendrait patiemment cette époque, pourvu que le souverain fût assemblé le dimanche suivant, pour prolonger à la Commission ses pouvoirs qui allaient expirer ; mais les choses prirent bientôt une face nouvelle.

» Le vendredi 13, quelques Genevois, fortement soupçonnés de travailler à la réunion, furent hués au moment où ils sortaient de la maison du Résident. Aussitôt on prétendit que l'on voulait égorger les amis de la France, et le lendemain on vit paraître une note fulminante du citoyen Desportes, qui menaçait de prendre des mesures terribles pour assurer le salut des personnes qui lui rendaient visite.

» Le dimanche 16, l'Assemblée souveraine fut convoquée pour savoir si elle prolongerait les pouvoirs de la Commission. On sut bientôt après que les troupes françaises faisaient quelques mouvemens sur les frontières de la République. Comme depuis long-tems elles passaient sur le territoire de Genève sans en demander la permission, sans en avertir même, on n'imagina point quel était le vrai but de ces mouvemens, et l'Assemblée souveraine continua ses opérations ; mais avant qu'elle eût fini de voter, les troupes s'étant avancées, arrivèrent au pas de charge à la ville, et s'emparèrent en même tems des trois portes, entre midi et une heure. Elles relevèrent les soldats de garde, et les congédièrent. Il n'y eut pas la moindre résistance. Le sentiment de leur propre faiblesse, supprima de leur part toute bravade inutile. Une sorte de stupeur s'empara des témoins de cet événement ; ils s'enfuirent et répandirent par tout la douleur, l'effroi, la consternation, annonçant que la Patrie était morte, que Genève n'était plus. A peine pouvait-on les croire ; mais le fait n'était que trop certain, et bientôt des sentinelles placées dans toutes les rues, détruisirent l'espoir et le doute. Quand le premier trouble fut passé, quand l'indignation se fut un peu calmée, la première consolation des Genevois, fut : QU'ON LES AVAIT PRIS ; QU'ILS NE S'ÉTAIENT PAS HONTEUSEMENT DONNÉS.

» Cependant la Commission fut extraordinairement assemblée. Plusieurs de ses Membres n'entendirent point dans ce moment affreux le son de la cloche qui les convoquait. D'ailleurs les soldats français cernaient le lieu de leurs séances, et ne laissaient passer que ceux qui avaient en main une carte qui prouvait qu'ils

en étaient bien Membres. Aussi, de plus de 130 citoyens qui composaient cette Commission, il ne s'en
rassembla qu'environ 80.

» Alors les Syndics lurent une note que le Résident
venait de leur remettre, note où il parlait d'un
complot formé, disait-il, dans le but de commettre les
plus grandes atrocités ; mais aucune preuve, aucune
probabilité même n'appuyait son assertion. Quelques
Membres de la Commission prétendirent que toute
délibération était inutile ; qu'il ne restait plus qu'à
voter la réunion, puisqu'on était réuni par le fait et
par la force. La discussion s'engagea néanmoins, et
l'on parla plutôt sur le malheur commun que sur la
réunion. Enfin l'on mit aux voix cette question funeste:
Veut on que Genève soit réunie à la France? Environ
40 Membres levèrent la main pour l'affirmative, 20
pour la négative, 20 ne votèrent point du tout.

» Ainsi se termina cette Assemblée; ainsi fut pro-
noncée cette réunion au milieu des baïonnettes et des
canons qui entouraient la Maison commune, où sié-
geait la Commission. Cette manière de voter n'est-elle
pas nulle par le fait? Et quand il s'agit de prononcer
sur un point aussi capital, qui peut avoir le droit de
juger pour les autres? La souveraineté d'un Peuple
n'est-elle pas un droit inaliénable? Non, les hommes
justes ne refuseront pas de rendre hommage à la vérité ! L'honneur des Genevois sera vengé, et les calom-
nies de leurs détracteurs, une fois dévoilées, retombe-
ront sur ceux qui les imaginèrent. »

Dans cette relation il n'est point parlé du blocus
de Genève, des batteries établies sur le lac pour in-
tercepter les denrées et son commerce, du refus de
viser aucun passeport, afin de tenir les Genevois pri-

sonniers dans leur ville. Mille autres vexations, plus odieuses les unes que les autres, furent encore exercées contre eux long-tems avant l'entrée des troupes françaises, afin que le besoin, la crainte, les persécutions réelles, leur fissent demander une réunion qu'ils avaient constamment repoussée.

(2) J. J. Rousseau disait : « que son père, quoique » vivant du travail de ses mains, nourrissait son ame » des vérités les plus sublimes, et qu'il voyait Tacite, » Plutarque et Grotius, mêlés devant lui avec les ins- » trumens de son métier. . . . . » *Dédicace à la Rép. de Genève.*

(3) Lisez, Directeurs immoraux, qui avez osé fouler aux pieds le droit sacré des gens ; vous qui, sans pudeur, sans calcul utile, avez trahi la foi des traités et renversé une République alliée ; vous qui, en portant le ravage et la consternation chez vos voisins, aviez néanmoins la prétention de former un Gouvernement régulier et ami de l'ordre, lisez et connaissez ce que disait Roberspierre à la tribune de la Convention nationale, lorsque le renversement de tout ordre et de tous les principes, posait et consolidait pour l'avenir les fondemens de la République française, lisez, dis-je, et jugez vous.

« Mais afin que vous puissiez apprécier encore » mieux la foi anglaise et autrichienne, nous vous » apprendrons qu'il y a plus d'un mois il avait été fait » au Comité de salut public, une proposition qui offrait » à la France un avantage infiniment précieux dans les » circonstances où nous étions : pour l'obtenir il ne

» s'agissait que de faire une invasion dans un petit
» État enclavé dans notre territoire, et allié de la
» Suisse; *mais cette proposition était injuste et con-*
» *traire à la foi des traités : NOUS LA REJE-*
» *TAMES AVEC INDIGNATION !* »

Voilà le langage de ce terrible Comité qui pouvait
tout impunément, et qui ne respectait rien, parce
qu'il ne redoutait personne. Quelle leçon de pudeur
et de loyauté pour le Directoire de l'an 6, et dans
quelle source faut-il la puiser!!!!

> *Extrait du rapport fait à la Convention natio-*
> *nale, au nom du Comité de salut public, par*
> *le citoyen Roberspierre, Membre de ce Co-*
> *mité,* sur la situation politique de la Répu-
> blique.

Le 27 Brumaire, an 2 de la République.

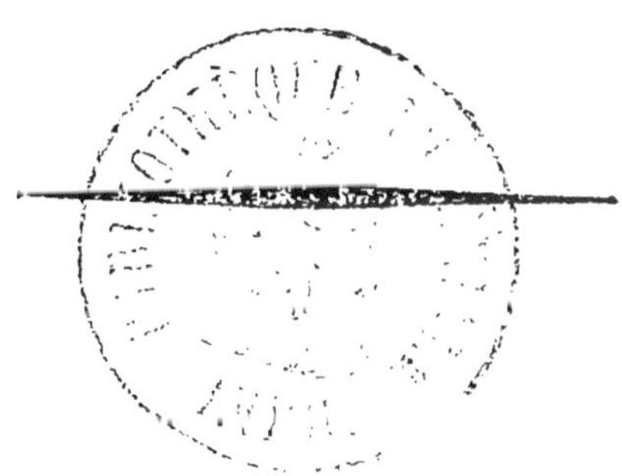